8° V 15589

AF496845

MGR ROBERT DU BOTNEAU

LE MOTU PROPRIO DE PIE X

SUR

LA MUSIQUE SACRÉE.

Sa portée. — Ses effets pratiques

PARIS

Société d'éditions du Chant Grégorien

V. LECOFFRE
rue Bonaparte, 90.

P. LETHIELLEUX
10, rue Cassette.

BIAIS Frères et Cie
rue Bonaparte, 74.

1906

Mgr *ROBERT DU BOTNEAU*

LE MOTU PROPRIO DE PIE X

SUR

LA MUSIQUE SACRÉE.

Sa portée. — Ses effets pratiques

PARIS

Société d'éditions du Chant Grégorien

V. LECOFFRE   *P. LETHIELLEUX*
rue Bonaparte, 90.   10, rue Cassette.

BIAIS Frères et Cie
rue Bonaparte, 74.

1906

ÉVÈCHÉ

de

LUÇON

Luçon, le 18 Février 1906.

Monseigneur,

J'ai lu avec un vif intérêt, le travail que vous a inspiré le Motu proprio *de* Pie X *sur la Musique sacrée.*

Les causes et les conséquences de l'Acte pontifical sont étudiées avec des vues historiques très perspicaces et un grand sens de l'art véritable et de la liturgie. On sent que vous êtes mû non seulement par des préoccupations artistiques, mais aussi par un ardent esprit d'apostolat.

Daignez, Monseigneur, agréer l'hommage de mon affectueux respect.

✝ CLOVIS JOSEPH, *Évêque de Luçon.*

LE MOTU PROPRIO DE PIE X

SUR LA MUSIQUE SACRÉE

SA PORTÉE. — SES EFFETS PRATIQUES

I. — La question Grégorienne

L'Acte pontifical a cela de remarquable qu'il clôt une longue période de déclin et de désagrégation pour l'une des institutions les plus antiques et les plus importantes de l'Eglise ; il met fin à des discussions sans issue qu'amenait, en dernier lieu, une situation fort embrouillée, quasi désespérée.

Depuis plus de trois siècles, l'antique chant de l'Eglise était déchu de la situation qu'il avait eue dès l'origine du culte chrétien. Non seulement il ne dominait plus sans conteste, mais il avait perdu peu à peu, dans l'opinion des peuples, le prestige attaché à sa grandiose et traditionnelle unité. Longtemps il avait été l'expression brillante de l'unité de la Chrétienté ; comme la Chrétienté il fut désagrégé, comme elle il vit se former contre lui des sectes dissidentes.

Ce n'est pas ici le lieu de raconter la longue épreuve de l'œuvre de Saint Grégoire : il suffit de rappeler que, dans les temps modernes, il n'en restait guère que le nom. L'ère du réveil date, pour elle, de la première moitié du XIX° siècle. A cette époque, se dessine peu à peu vers le moyen-âge et les premiers siècles chrétiens une orientation des études liturgiques, historiques et archéologiques ; c'est une réaction qui commence en faveur des antiquités chrétiennes trop laissées dans l'ombre depuis la Renaissance. Entrée dans cette voie, l'érudition constate bientôt quelle place tenait en ces temps le chant de Saint Grégoire ; on en recueille alors les fragments épars, on les étudie, on les compare entre eux, on les commente. C'est comme un essai de Paléographie musicale qui s'affirme, prend corps, et amène peu à peu la création d'une science bien ordonnée qu'on verra plus tard s'épanouir dans la grande œuvre de Solesmes. Les éditions modernes de plain-chant n'avaient rien à gagner à ce mouvement. On en fit le compte, on les trouva nombreuses, discordantes ; leur jeunesse révélait combien peu elles pouvaient se réclamer de la tradition. Le courant qui s'établit leur fut fatal ; il devenait de plus en plus manifeste qu'il n'y avait, de ce côté, aucun élément sérieux pour reconstituer le plain-chant.

En ces temps la vogue était à l'unité, aussi bien dans le domaine ecclésiastique qu'en celui de la politique : les diocèses de France revenaient successivement à la liturgie romaine qu'ils avaient abandonnée. La question du chant s'en ressentit, et le rêve de l'unité y fut bientôt à l'ordre du jour ; la facilité des communications, l'expansion de l'Eglise sur les continents les plus lointains en faisaient ressortir les avantages et lui conciliaient l'opinion publique. Le moment vint où s'imposa cette inévitable solution : réduire à l'unité tous ces éléments disparates : éléments matériels, intellectuels, artistiques, qui se disputaient les lambeaux de l'Antiphonaire et du Graduel pour les ajuster chacun à sa façon. Par le fait, la plupart furent promptement emportés ou désemparés dans la tourmente des discussions ; la lutte se simplifia, se précisa sans perdre toutefois de son intensité. L'œuvre traditionnelle de Saint Grégoire-le-Grand devait survivre seule à cet orage : tel l'or éprouvé par le feu sort du creuset avec un éclat nouveau. Pie X était prédestiné pour renouer la tradition. A l'heure fixée par la Providence, l'illustre Pontife proclame que, pour l'œuvre de Saint Grégoire-le-Grand, l'ère des contestations, des mutilations et de l'oubli est close. Il remet le chant Grégorien traditionnel en cette place d'honneur où l'avaient vu les siècles de foi, il lui confirme ce titre, qui est sien : **Le Chant de l'Eglise.**

Déjà nous entrevoyons la part considérable attribuée au chant Grégorien dans le *Motu Proprio* et, par suite, le rôle important qui lui revient dans la réforme de la Musique sacrée. Nous espérons développer et mettre en lumière ces considérations dans le présent travail.

Depuis la réforme, ou plutôt la restitution, du Missel et du Bréviaire romains par Saint Pie V, au XVIᵉ siècle, le Saint Siège n'avait promulgué aucun Décret qui intéressât plus grandement la Liturgie catholique et fît concevoir de plus belles espérances pour le culte divin.

II. — La Liturgie et le Chant Grégorien

Ce qui domine cette question, ce qui lui donne sa gravité, c'est que la Liturgie de la sainte Eglise est en cause. La Liturgie, nous le savons, est la forme sociale du culte chrétien, l'expression la plus haute des communications de la Sainte-Eglise avec Dieu dans la confession de sa foi, la prière et la louange. *« C'est dans la Liturgie que l'Esprit qui inspira « les Ecritures sacrées parle encore ; la Liturgie est la tradition « même à son plus haut degré de puissance et de solennité. »* (1) D'où il suit qu'attenter en quelque façon à la constitution de la Liturgie c'est mépriser la discipline ecclésiastique en ce qu'elle a de plus vénérable, c'est offenser la Religion même. Or, c'est un fait que le chant sacré est partie intégrante de la Liturgie ; non pas, notez-le bien, à titre d'un bel accessoire destiné à relever, de concert avec la pompe des cérémonies, la splendeur et la dignité du culte divin ; il a cet effet, sans doute, mais son rôle principal, ne l'oublions pas, rôle qui le fait pénétrer dans l'intime même de la Liturgie, est de s'unir aux paroles saintes pour en compléter l'expression. (2) Si l'ancienne Loi avait son chant sacré régulièrement établi, combien, à plus forte raison, l'Eglise Catholique doit-elle formuler par des accents mélodiques qui lui soient propres, les sentiments de reconnaissance et de foi que lui inspirent les mystères augustes dont elle est dépositaire. Protectrice des arts dont elle s'est montrée la vraie nourricière, elle les appelle tous à elle et leur donne un rendez-vous commun dans sa Liturgie. Toutefois elle confie à son chant un titre à part : il est né, il s'est développé à l'ombre de ses sanctuaires, elle le regarde comme son bien propre. C'est sa mélodie liturgique ; elle le recommande par dessus tous les autres. Les Souverains Pontifes l'ont établi et propagé dans le monde catholique ; tous les Conciles l'exaltent à l'envi ; ils veulent que les clercs le connaissent et qu'il fasse partie de leur éducation. Merveilleusement adapté au texte liturgique, il le suit et l'interprète dans toutes les phases du cycle sacré, il en fait pénétrer l'onction dans les cœurs avec une variété d'accents qui répond à tous les besoins. Une dénomination consacrée par les siècles désigne cette mélodie : c'est le chant Grégorien. Né, pour ainsi dire, avec l'Eglise, grandissant avec elle, il reçut du Pape Grégoire-le-Grand l'empreinte inaltérable du génie et de la sainteté. Les siècles de

---

(1) Dom Guéranger. — *Institutions liturgiques*, p. 3.

(2) Dom Pothier. — *Mélodies Grégoriennes*, p. 2.

foi ont vu son plein épanouissement ; son déclin a marqué régulièrement les périodes de dislocation et de décadence. [1]

En ces conditions, il est logique que la Liturgie se sente atteinte par les coups qui frappent le chant Grégorien. Restreindre l'action de ce dernier, c'est mutiler la Liturgie ; si vous éliminez le chant Grégorien, par le fait même, la Liturgie est transformée.

∴

Il est triste de constater que, parmi nous, catholiques romains des deux Mondes, le sens liturgique et la discipline liturgique sont visiblement en baisse. La fantaisie et le laisser-aller ont envahi ce domaine qu'ils ne peuvent que dévaster et dans lequel ils ont fait bien des coupes sombres. Ce n'est pas d'aujourd'hui seulement que s'élèvent, à ce sujet, des cris d'alarme ; la gravité de la situation n'a échappé ni aux pasteurs, ni aux fidèles éclairés. Sans aucun doute, elle est pour beaucoup dans l'ardeur qui a porté, depuis un demi-siècle, des âmes d'élite vers les études liturgiques et la restauration du chant traditionnel de l'Eglise. Voici, par exemple, ce qu'écrivait à ce sujet Lambillotte, vers 1859. Parlant de Guy d'Arezzo qui gourmande les copistes mal avisés du XIe siècle, il ajoute : « Combien aurait-il donc gémi « s'il avait été témoin de la confusion actuelle dans les livres « de chant ecclésiastique ! Tout le monde la déplore : c'est « pourquoi le souverain Pontife, les cardinaux, les évêques « de la sainte Eglise, nomment des commissions, louent les « efforts qu'on fait partout pour retrouver le vrai chant Gré-« gorien, mais sans que le mal soit à son terme.

« Et ce qui est plus affligeant encore, c'est que, dans plu-« sieurs pays, on a abandonné la liturgie romaine dans les « MESSES CHANTÉES. On n'y exécute plus les *Introits,* les « *Graduels,* les *Offertoires,* les *Communions,* etc., tels qu'ils « ont été réglés par l'Eglise mère ; tantôt ces morceaux sont « remplacés par des airs improvisés sur l'orgue, tantôt par « de la musique de fantaisie.

« On va plus loin : En Allemagne, par exemple, presque « partout, les messes chantées s'exécutent moitié en latin, « moitié en langue vulgaire. Le prêtre à l'autel chante en « latin la *Préface,* le *Pater noster,* le *Dominus vobiscum,* etc., « etc. Le chœur avec le peuple chante en allemand le *Kyrie,*

---

1. Il serait facile de montrer, dans l'histoire des Ordres monastiques, comment leur grandeur et leur décadence ont concordé constamment avec leur zèle ou leur relâchement dans le chant de l'office divin. Il y aurait à écrire, sur ce sujet, un livre fort instructif et l'on constaterait le même phénomène dans la discipline ecclésiastique aux différentes époques.

« *Gloria* et le *Credo*, etc. J'ai été moi-même souvent témoin
« de ces sortes d'offices. En d'autres endroits, voici comment
« on célèbre la grand'messe : le peuple chante en allemand
« un cantique qui dure jusqu'à l'*Offertoire* ; puis le prêtre en-
« tonne solennellement la *Préface* ; après l'élévation, revient
« encore un cantique allemand, jusqu'au *Pater*, qui est chanté
« en latin par le prêtre ; puis le chœur reprend encore son
« cantique allemand, jusqu'à la fin de la messe. Et voilà ce
« qu'on appelle une messe solennelle. Dans la haute Italie
« nous avons entendu des messes célébrées de la même ma-
« nière, moitié en langue vulgaire, moitié en latin. » (1

Etendue à toutes les contrées catholiques, cette revue ne
serait pas plus consolante. Sous des formes diverses, nous
constaterions presque partout le même courant de désorga-
nisation, et nous verrions, qu'après cinquante et quelques
années, le tableau d'ensemble reste le même. S'il est à retou-
cher c'est, hélas ! que les points noirs ont grandi.

De tous ces faits se dégage un enseignement qui doit nous
être profitable. On voit, à ne pas s'y méprendre comment
l'indifférence, sinon le mépris complet pour le plain-chant
prélude partout aux aberrations liturgiques les plus déplora-
bles, à la déformation du culte divin. N'est-il pas manifeste
que la plupart des abus que nous constatons sont inconcilia-
bles avec l'usage régulier du chant Grégorien, tandis que
l'exil de ce dernier leur ouvre toutes grandes les portes ?
C'est pourquoi Pie X fait acte de sagesse en mettant, à la
base de sa réforme, la réhabilitation du noble proscrit. Cette
fermeté de vue avec laquelle la question est posée n'a pas
été, de prime abord, sans causer quelque surprise ; la ré-
flexion nous montre qu'elle est une condition essentielle du
succès. Sur ce point capital, l'autorité a parlé sans voiles,
sans diplomatie, sûre d'elle-même, ayant pour elle la piété, la
science, l'art, la tradition, l'expérience, en un mot tout ce qui
rend l'obéissance facile et l'autorité vénérable.

Ce n'est donc pas à titre de fantaisie artistique que le
chant Grégorien doit être remis en honneur, c'est à titre
d'institution fondamentale. Il est une partie vivante de la
Liturgie et a pour fonction d'agir puissamment sur les âmes.
On prête à Bucer cette boutade : « *Tolle Thomam et dissipabo
Ecclesiam* » « Faites disparaître Saint Thomas et sa doctrine
« je me charge d'anéantir l'Eglise Catholique. » « Quel pané-
gyrique du grand docteur, quel aveu de son action puis-

---

1 Lambillotte. — *Esthétique du chant Grégorien*, p. 19. — On trouve
dans ce livre, sur la question Grégorienne alors naissante, des aperçus historiques pleins d'intérêt.

sante ! » Léon XIII, promoteur zélé et restaurateur de la
philosophie thomiste, n'a pas craint de mettre en parallèle,
avec sa renaissance à notre époque, la restauration du chant
Grégorien : deux grandes gloires du moyen-âge, œuvres
puissantes appelées à concourir, chacune en sa sphère à remettre en honneur les principes de l'orthodoxie philosophique
et de l'orthodoxie liturgique. On ne saurait préciser d'une
façon plus catégorique, la place qui revient au chant Grégorien (1).

III. — La Liturgie et la Musique

Puisqu'il est vrai que le plain-chant a été plus ou moins
délaissé dans la pratique et qu'il a même disparu en certaines
contrées, on est amené à chercher ce qui le remplace à l'occasion. Quelquefois ce n'est rien qui puisse se définir ou
avoir un nom : d'ordinaire c'est la Musique qui entre en
scène ; mais entendez bien : la Musique dans le sens le plus
large, depuis l'œuvre des grands maîtres, jusqu'à des productions aussi vulgaires qu'inconvenantes. La Musique devait donc nécessairement attirer l'attention de l'autorité ecclésiastique, et, il faut le reconnaître, les avis et les règlements ne lui ont pas été ménagés. Mais, dès l'origine, on a
fait l'expérience de la difficulté qu'il y avait à la réglementer.
Le problème qui s'est posé alors est de telle nature que, depuis cinq siècles on n'a pu arriver à une solution satisfai-
sante. Nous verrons quelles lumières jette le *Motu Proprio*
sur cette grave question.

Si noble qu'il soit par son origine, si apte qu'on le conçoive
à s'élever vers les régions supérieures et à nous y ravir avec
lui, l'art divin de la Musique est, par nature, d'une redoutable indépendance. Comme la parole, la musique jaillit des
profondeurs de l'âme humaine, elle en révèle la vie intime ;
elle s'élance, elle est libre comme la pensée même. Ses formes
harmonieuses sont le reflet et l'écho de toutes les passions,
de toutes les espérances du cœur humain. De là, ses transformations à l'infini, ses contrastes. Aujourd'hui elle vous
convie à voler avec elle vers le Ciel, demain elle s'emploiera
à toutes les besognes terrestres, souvent même aux plus
basses. En toute vérité on peut lui appliquer ce que l'apôtre
Saint Jacques dit de la parole, cet agent mystérieux, cette
flamme vive et indisciplinée que « *Nul homme ne peut
dompter* ». 2

----

1 Voir la lettre du Cardinal Satolli au docteur Wagner, professeur à
l'Université Catholique de Fribourg, 18 Juin 1901.

2 Jac. III. 8.

Quoi qu'il en soit, même avec sa liberté d'allures, la Musique peut devenir un organe magnifique de la louange sacrée. Mais, avec quel discernement on doit admettre son concours ! Nous ne pouvons oublier que, sous ses formes diverses, l'art musical a été, dans le passé, un dissolvant actif pour la discipline ecclésiastique et qu'il a infligé à la Liturgie, de profondes blessures. Les abus auxquels il a donné occasion, dans le cours de son histoire, ne se comptent pas. Que de gémissements ils ont arrachés aux Saints, quels cris d'indignation ils ont inspirés aux pasteurs des âmes, prêtres, Evêques et Pontifes ! Maintes fois on a délibéré pour savoir si la Musique ne serait point absolument exclue de l'Eglise. En 1323, le Pape Jean XXII publie à ce sujet une Décrétale devenue célèbre et insérée au Corps du Droit. Benoît XIV atteste que la question fut sérieusement posée au Concile de Trente ; Pie IV institua, en 1564, une commission de huit Cardinaux, parmi lesquels se trouvait Saint Charles Borromée, à l'effet de juger s'il était possible d'accorder la musique polyphonique avec les justes exigences de la Liturgie. Baini raconte comment Palestrina intervint alors et gagna la cause de la Musique, grâce à une œuvre de génie qu'il avait composée pour la circonstance. Nous ne savons si la Musique eut alors contrition des fautes passées : l'histoire nous permet d'en douter.

Et cependant, après tant de Décrets et de Réglements restés lettre-morte, Pie X ne désespère pas de l'avenir de la Musique religieuse. Il a conscience de cette action mystérieuse de l'Eglise qui transforme, au besoin, les éléments les plus rebelles : ce que nulle puissance humaine ne pourrait entreprendre, elle l'a réalisé. Par elle, la parole humaine a été domptée ; cette force redoutable a été enfermée dans le cadre rigoureux des formes dogmatiques pour être l'organe immuable de l'infaillible vérité. En outre, elle l'a disciplinée pour l'usage de sa Liturgie, lui associant un chant nouveau ; de telle sorte que le langage musical lui-même est devenu le noble captif de l'Eglise. N'y a-t-il pas là toute une révélation de ce que réserve à la Musique un acquiescement sincère et sans restriction aux décisions pontificales : nous serait-il permis d'entrevoir pour elle comme un Baptême qui la régénère et la transforme, et que, en devenant chrétienne, elle rayonne d'un éclat tout nouveau !

.·.

Nous ne saurions trop mettre en lumière cette vérité : que la Musique, dite religieuse, a tout à gagner à une réglementation ferme et précise. Dans le Pape Pie X, elle trouve tout à la fois l'artiste éclairé et le Pontife bienveillant prédestiné pour lui tracer une sphère d'action honorable et brillante dans le monde ecclésiastique, la garantissant en même temps contre ses propres écarts. Le *Motu Proprio* est le *Code juridique* de la Musique sacrée, mais il est, avant tout, le Palladium de son honneur.

Nous savons combien, par sa nature même, la Musique est indépendante ; ajoutons qu'elle est envahissante, comme tout ce qui a vie. Pour peu qu'on lui ouvre trop largement la porte du sanctuaire, elle a bientôt fait d'y tout encombrer. Convenons, du reste, que la place est, d'ordinaire, mollement défendue ; l'envahisseur s'y ménage facilement des intelligences. La vanité, l'insouciance, le défaut de goût et le manque de sens liturgique sont autant de complices sur lesquels il peut compter. Ceci nous fait songer à l'histoire d'Agar et Ismaël. Très choyés sous la tente d'Abraham, l'esclave et son fils se croient bientôt les maîtres, et ils s'oublient à ce point de prendre des libertés malséantes avec Isaac l'enfant bien-aimé, l'unique héritier des promesses divines. C'est ainsi, ce me semble, que la Musique, admise sous les pavillons de la sainte Église, méconnaît facilement sa vraie condition ; bientôt elle y veut tout régenter, jusqu'à ce point d'évincer le chant Grégorien, cet aîné de la famille, cet héritier des promesses. Le vieux Patriarche, usa, en la circonstance, d'une rigueur qui nous paraît peut-être excessive ; le monde ecclésiastique s'est montré plus facile, et sa tolérance, il faut l'avouer, a été souvent sans limites.

C'est pour prévenir cet envahissement désordonné de la Musique que le *Motu Proprio* prescrit la restitution large de l'antique chant Grégorien. La forme la plus commune sous laquelle cet abus se manifeste est la manie, très commune en certains pays, de vouloir à tout prix faire de la Musique à l'Église. On croit par là, sans doute, faire montre d'une culture artistique qui sort du commun, se concilier les amateurs et piquer facilement la curiosité des foules. Mais c'est entrer dans une voie fausse où l'on aboutit facilement à des résultats tout opposés à ceux qu'on a cherchés. Le poète dit, avec raison, qu'en forçant son talent on court risque de ne rien faire avec grâce ; c'est pour cela, sans doute, que ces exécutions musicales montées avec fracas dans nos Églises laissent si souvent le public froid et désappointé, et que les gens sensés se disent que, pour préparer un bon plaint-chant qui aurait édifié et satisfait tout le monde, il aurait suffi de la dixième partie du temps qu'on a pris pour faire de la mauvaise musique. Mais, le chant Grégorien, on ne daigne pas l'étudier, sous prétexte qu'il est archaïque et trop simple. On ne se doute pas que cette simplicité même ajoute à sa beauté, comme cela arrive dans les chefs-d'œuvre de l'art. Toute dépourvue qu'on la suppose d'ornements recherchés, la noble simplicité n'est jamais sans distinction et sans charmes : elle est parfaitement à sa place dans nos Eglises où elle brille souvent à l'égal d'une riche parure. Il n'en va pas ainsi de la médiocrité prétentieuse : le bon goût la repousse comme le faux or des oripeaux et les tons criards des vitraux à bon marché. Et c'est hélas ! le règne de cette médiocrité que marque, en nos Eglises, l'envahissement de la musique de pacotille enfantée par la présomption de compositeurs improvisés et colportée à profusion par le mercantilisme. Tout n'est pas dit quand on a mis dans le programme qu'on ferait de la musique à l'Eglise : encore faut-il que le bon goût et les convenances soient comprises dans ce même programme. Par métier, la Musique va partout et elle sait s'accommoder de tous les costumes. Remarquez cependant que, si elle est admise dans le palais du Roi, elle est assez avisée pour s'y présenter en habit de cour, sachant qu'autrement elle resterait dehors. D'où vient donc le sans-gêne qu'elle apporte dans nos églises quand on lui fait l'honneur de l'inviter, à tel point qu'elle y rappelle les métiers qu'elle fait ailleurs ? Serait-ce qu'on lui a laissé croire qu'on ne peut se passer d'elle, et que, trônant dans le lieu saint, il lui est loisible d'en prendre à son aise avec l'art et avec les convenances ?

**

C'est un malheur que l'abaissement de l'art. Il en est un plus lamentable encore, c'est l'abaissement et la déformation du culte chrétien. Or ce funeste résultat est la conséquence inévitable de l'envahissement de nos églises par la Musique. Avec le plain-chant disparaît le lien sensible qui doit exister entre les fidèles et l'office liturgique ; le cadre qui porte les formes mélodieuses du cycle sacré n'existe plus, le lien est brisé entre le clergé, les fidèles et les chanteurs qui ne communient plus à une même pensée surnaturelle suggérée par l'Eglise. A ce point de vue, on ne s'entend plus : le chœur de musique joue son rôle, l'assistance écoute ou n'écoute pas, d'autre part le clergé récite ses prières et laisse à des artistes gagés le soin de louer Dieu à leur façon. La *Psalmodie* elle-même, cette forme antique et si populaire de la prière de l'Eglise, la psalmodie a disparu, en bien des pays, dans ce naufrage de tant de vénérables traditions. Ce sera une gloire de Pie X de n'avoir pas oublié cette noble proscrite et de l'avoir vengée des attentats sacrilèges dont elle a été victime. L'article IV du *Motu Proprio* prescrit, en effet, pour le chant

des psaumes, la forme traditionnelle et « il exclut et défend
« pour toujours les psaumes de style nommés « *de concert* ».

En tout cela nous reconnaissons les symptômes non équivoques de la disparition graduelle de l'esprit liturgique et, avec lui, de la vraie et solide piété. C'est, en effet, dans les sérieuses et douces pratiques du culte sacré que la piété prend naissance et grandit : tout est ordonné pour qu'elle y trouve son aliment en même temps qu'une voie sûre et lumineuse. C'est à cette source que sont venues puiser les fortes générations qui ont été la consolation et la gloire de l'Eglise. Aux époques de décadence liturgique, se révèlent des tendances contraires. Il y a aussi une piété de décadence : superficielle et légère, elle se délecte des cérémonies à la mode, et c'est elle qui réclame, à l'église, les satisfactions mondaines de la Musique. (1)

Un dernier trait nous montrera où l'on arrive sous l'influence de ces tendances malheureuses. Il y a des contrées, que nous préférons ne pas désigner ouvertement, où, sans esprit d'hostilité et même sans exclure une certaine pratique religieuse, il est entré universellement dans les mœurs de ne jamais assister à un office chanté quel qu'il soit, et quelle que soit la solennité du jour, sinon pour entendre de la musique. Ainsi le calendrier liturgique s'efface devant le calendrier musical : Pâques, Noël, Pentecôte, Assomption passent comme un simple dimanche ; mais la Fête !!... la fête groupe le peuple à l'office : amateurs et désœuvrés de tout rang s'y donnent rendez-vous. On entre à l'église, on en sort, chacun à sa convenance, suivant qu'on a goûté l'audition du morceau ou des morceaux préférés, etc., etc. C'est le jour de la grande Musique ! L'exécution plus ou moins artistique, avec les incidents passionnants qu'elle comporte, défraie pour quelques jours la chronique locale. Tel est le spectacle qui revient chaque année, une ou plusieurs fois suivant l'importance du lieu et des ressources ; car il faut rémunérer les gens de métier qui prêtent leur concours à l'église d'aussi bonne grâce qu'au théâtre et au café-concert. Eh bien ! tout ce que l'on peut dire pour excuser ou expliquer cet état de choses, pour en atténuer les conséquences et décliner les responsabilités qui s'y rattachent, tout cela ne fait que révéler la profondeur de la plaie, la déformation du sens religieux des populations

---

(1 En cet ordre d'idées, nous ne saurions trop déplorer l'absence complète d'esprit liturgique que l'on constate dans nos maisons d'éducation Dans les cérémonies religieuses, une part trop large est laissée à la fantaisie, et l'ensemble du culte n'a rien qui initie la jeunesse aux beautés du culte liturgique de l'Eglise. Tout, au contraire, la prédispose à goûter ces formes superficielles que la mode lui réserve dans le monde. Il y a là une lacune contre laquelle ont déjà protesté bien des voix autorisées.

qui en sont affligées et l'immense danger qu'elle fait courir à leur foi. Voilà, à n'en pas douter, un écueil terrible contre lequel viendra se heurter le Motu Proprio ! Et pourtant, c'est le terme fatal auquel aboutit l'envahissement désordonné de la Musique dans les églises : c'est une sorte de *nihilisme liturgique*. Logiquement on doit en arriver là si on fait passer la fantaisie avant les prescriptions pontificales. De pareilles extrémités sont faites pour ouvrir les yeux aux plus optimistes et rallier à la cause d'une réforme les chrétiens qui ont souci des intérêts de la Religion.

IV. — Le Chant Grégorien base de la réforme

Bien des fois, dans le cours des siècles, l'Eglise a entrepris la réforme des abus occasionnés par la faiblesse et la malice humaines ; mais aussi combien, au milieu de ce rude labeur, brillent sa prudence et sa fermeté. A l'inverse des passions révolutionnaires qui n'aboutissent qu'à la destruction, elle ne frappe, elle n'agit que pour restaurer et édifier, et c'est en cela que brille la sagesse qui préside à ses décisions. Dans les grands conflits qui divisent si souvent les chrétiens eux-mêmes, elle tient la balance entre les impatients et les sages : elle est humaine et elle est divine. C'est pourquoi elle n'a jamais condamné la Musique, malgré ses méfaits. Tout au contraire elle a reconnu en elle un don sublime, un don quasi divin du Créateur. Comme la grâce qui ne détruit pas la nature mais qui la perfectionne et l'élève, ainsi la sainte Eglise a béni l'art musical et lui a donné place dans le concert de la louange divine. C'est donc à titre de parure que la Musique doit être admise dans les églises. Elle y a sa place marquée, aux jours de fête, encadrée décemment par le chant Grégorien à qui revient de donner à la cérémonie son cachet liturgique. La Musique figure alors au même titre que ces riches ornementations que le bon goût distribue avec sobriété sur les murs du temple, lui donnant un lustre nouveau et marquant la solennité du jour. Supposez, au contraire, que la Musique seule se fasse entendre, elle nous rappelle alors l'ornementation surabondante qui brise les lignes d'architecture, détruit l'unité majestueuse de l'ensemble et transforme le lieu-saint au détriment de l'art et des convenances liturgiques. Le beau est la splendeur du vrai ; le vrai c'est la sobriété, c'est la règle.

Telle est la part que l'Eglise fait à la Musique, part très noble et très brillante. Il est équitable que la Musique réponde, de son côté, à l'honneur qui lui est fait, par sa valeur artistique, par la dignité et la convenance qu'elle doit porter dans le lieu-saint. Mais voilà que nous rencontrons de nouveau une difficulté sérieuse : un problème, toujours le même, réapparaît sous une forme nouvelle.

Dans cette multitude de compositions qui prétendent figurer sur les catalogues de musique religieuse, il importe tout d'abord de faire un choix judicieux. L'or, l'argent, la petite monnaie et la fausse monnaie s'y rencontrent. Il s'agit de les trier avec soin et l'opération n'est pas si facile qu'on le paraît croire généralement. Il est très simple de décréter que tel ou tel genre de musique est digne ou non d'être admis à l'église : encore faut-il qu'on s'entende sur le criterium qui servira de pierre de touche ; et ce criterium lui-même court grand risque de n'avoir qu'une valeur purement subjective, variant à l'infini suivant les temps et les lieux et restant sans effet pratique, comme cela s'est vu jusqu'ici. Pie X a porté sur ce point la lumière et il a précisé nettement ce qu'on avait trop laissé dans l'ombre jusqu'ici. Le Motu Proprio enseigne ouvertement que le chant religieux trouve son expression la plus haute et la plus authentique dans le chant Grégorien traditionnel ; et que, par suite, c'est à cette école que la Musique religieuse doit se former, c'est à cette source qu'elle doit puiser ses inspirations. Elle sera d'autant plus digne de sa mission qu'elle se rapprochera de ce modèle : « *Inspice, et fac secundum exemplar* » (1). Une intuition géniale avait dévoilé cette vérité aux grands maîtres de l'art : nous avons donc la satisfaction de constater que, dans le Motu Proprio, le génie et l'autorité se rencontrent dans un heureux accord. C'est plus qu'il n'en faut pour satisfaire aux exigences les plus sévères.

Mais nous avons à compter avec les exigences des adversaires de la réforme. A croire ces Messieurs, tout irait pour le mieux..... si on ne faisait rien. Ils insistent donc et il nous disent : La Musique telle que vous l'entendez a un caractère éminemment religieux, c'est convenu : mais comment prétendre sevrer nos populations des jouissances musicales qu'elles ont trouvées jusqu'ici à l'église ? Comment espérer leur faire accepter jamais cette musique grave, sévère, *semi-protestante*? 2 Ce à quoi nous répondons qu'il est, en effet, très difficile de satisfaire en cette matière des populations dont le goût est plus ou moins dépravé, grâce à l'incurie de ceux qui les dirigent ; mais que c'est une raison de plus pour agir, et réformer autant qu'il est possible leur éducation mu-

---

1 Exod. — 25. — 40.

2 Le mot a été dit et redit dernièrement en Italie !

sicale et religieuse. Il arrive fréquemment que les enfants gâtés font abus des friandises et que, par suite, leur estomac est perdu et leur goût dépravé ; qu'on les habitue au bon pain blanc nourriture quotidienne et solide de l'homme, tout rentrera dans l'ordre. De même, à l'occasion, exhortons les fidèles à renoncer franchement aux friandises musicales qu'on leur a prodiguées jusqu'ici ; qu'on les amène à goûter le chant Grégorien, et bientôt, cet aliment substantiel donnera à leur goût artistique une trempe nouvelle. Alors, et alors seulement, on pourra leur parler de bonne et chrétienne musique. Ils se feront peu à peu à ses accents, et bientôt, ils ne pourront plus en supporter d'autres : heureux de constater enfin que le chant d'église est une prière et qu'ils prient en chantant.

Il est donc clair que, avec la question grégorienne bien entendue, se trouvent résolus d'emblée les terribles problèmes dont la solution pratique a semblé trop longtemps une chimère. Tracez aux compositeurs de musique religieuse les règles les plus strictes, précisez tous les caractères qui peuvent rendre cette musique acceptable à l'église : vains efforts si vous n'avez placé, à la base de ce travail consciencieux, la connaissance pratique et l'amour du chant Grégorien « In « vanum laboraverunt » [1]. On ne codifie pas si facilement, nous le répétons, ce qui relève de l'art et de la pensée. En réalité le musicien aspire à prêter un instant son langage à l'Eglise ; quelle énormité si le langage de l'Eglise elle-même lui est inconnu ! Il lui faut donc nécessairement un sens religieux qui l'inspire et le guide, et ce sens musical ne s'acquiert que par la fréquentation des textes liturgiques. A l'exemple de la langue maternelle qui marque dans l'intelligence une empreinte à laquelle l'homme se soustrait rarement, le chant Grégorien étudié et pratiqué façonne le goût de l'artiste chrétien et lui suggère les formules mélodiques d'où jaillissent spontanément le grand art et l'accent de la prière. En ces conditions, toute réglementation est quasi superflue et, de lui-même, le chant s'élève vers le Ciel. Saint Augustin a dit quelque part : « Ama et fac quod vis » : au compositeur nous pouvons dire : goûtez le charme des mélodies grégoriennes et, après cela, chantez librement.

Vainement encore on prêchera aux fidèles l'estime de la Musique sérieuse et digne de l'église, vainement des règlements ecclésiastiques, très sages d'ailleurs, mettront à l'index des catalogues de productions sans valeur dont le flot montant nous inonde : ces louables efforts seront frappés d'impuissance et les chefs-d'œuvres de l'art seront mécon-

____
1. Ps. 126. — 1.

nus eux-mêmes et voués à l'oubli, tant que le goût des fidèles n'aura pas été préalablement épuré et formé par l'audition habituelle du chant Grégorien. Une expérience longue et douloureuse confirme notre thèse d'une manière éclatante. Nous mettons au défi d'aboutir jamais en dehors de ces principes. Là est le nœud de la question. C'est ce que Pie X a compris et ce qui donne une si haute portée au Motu Proprio.

V. — Le Chant populaire

Nous aimons à trouver dans le Motu Proprio, une exhortation très franche à la pratique du chant populaire dans nos églises. C'est encore un de ces traits d'une actualité merveilleuse, comme il en vient de l'initiative de Pie X. N'est-il pas vrai que, en ces temps où des transformations gigantesques se préparent peut-être dans l'ordre social, la pensée d'un peuple prenant largement sa place à l'église et chantant son *Credo* a quelque chose de grandiose. C'est comme un jet de douce lumière qui rend moins angoissants les problèmes de l'avenir. Si donc, dès maintenant, cette question du chant populaire est à l'ordre du jour, si le sentiment public l'accepte comme un moyen de revenir aux meilleures traditions et de donner à nos offices un cachet inappréciable de grandeur et de piété, dites où vous trouverez ce chant réalisable autrement que dans les formules Grégoriennes ? N'est-ce pas en elles, et en elles seules, qu'on rencontre pleinement ce caractère que Pie X réclame du chant sacré ? Ce chant doit être *catholique* : qualificatif d'une haute valeur puisqu'il ne convient essentiellement qu'à l'Eglise de Jésus-Christ et rappelle que, dans son expansion, elle ne connaît, en principe, ni les limites de l'espace ni celles du temps. A ce point de vue, je cherche en vain des compositions qui puissent entrer en parallèle avec le chant même de l'Eglise. Citez, si vous le voulez, les œuvres les plus en renom, admirez leur valeur artistique, leur facture savante, l'accent même de piété qui s'en dégage, proclamez-les vrais chefs-d'œuvre de l'art chrétien, ce n'est que justice. Il est cependant un titre que vous ne pouvez leur conférer : elles ne peuvent être dites *catholiques*. Produits d'un talent en renom, expression heureuse du sentiment artistique de telle ou telle contrée, leur action est nécessairement circonscrite et par le génie propre à chaque peuple, et par les faits contingents qui créent la vogue plus ou moins grande des œuvres d'art. Tout autre est l'expansion qui répond à ce titre de catholique : elle n'appartiendra jamais à d'autre qu'à ce chant que l'Eglise Catholique a fait sien, au chant que le fidèle compte entendre en tout pays chrétien, même sur les plages les plus éloignées où il lui rappelle l'unité de la foi en même temps que les plus doux souvenirs de la patrie. C'est le langage qui proclame l'unité du peuple chrétien « *Populus unius labii* ». C'est l'œuvre populaire par excellence.

Elles ne peuvent non plus prétendre être catholiques dans le temps toutes ces compositions musicales. Si remarquables qu'elles soient, leur vogue est éphémère ; elles éblouissent parfois et expriment un délicieux parfum, mais elles passent et disparaissent parfois comme les plus belles fleurs. Quelque bruit qu'ait fait leur renommée, elles vont, hélas, pour la plupart, rejoindre cet amas de productions sans nom dont les temps modernes ont été si prodigues.

Tout autre est la destinée du chant Grégorien. En le faisant sien, l'Eglise Catholique lui donne participation à sa fécondité, à la perpétuité de sa vie : elle l'abrite contre les vicissitudes du temps et l'humeur changeante des générations humaines. Par lui la sainte Eglise, comme une mère, nous apprend à parler le langage de nos ancêtres et, mettant ainsi sur nos lèvres les accents par lequels les générations passées ont loué Dieu, nous sentons le lien vivant qui nous rattache à elles. Ils sont là, sous nos yeux, ces parchemins vénérables, ces antiphonaires témoins fidèles des siècles de foi, joyaux précieux de nos antiques Basiliques, souvenirs touchants de la splendeur passée du culte catholique. Est-il témoignage plus doux, plus aimable de la perpétuité de l'Eglise ? Y a-t-il, dans toutes les musiques savantes, rien de comparable pour remuer, au fond de nos cœurs, la fibre de la foi ? C'est l'écho de la *Laus perennis* qui traverse les siècles avec son cantique toujours ancien, toujours nouveau. Quel levier pour ressusciter l'esprit de foi dans les peuples, quelle force, trop méconnue, hélas ! pour l'action de l'Eglise ? Nous le répétons, où trouverez-vous ailleurs les éléments d'un chant catholique et populaire ? 1

---

1 Serait-il impossible de voir, en nos pays catholiques, des groupes imposants d'hommes chantant la Messe et les Vêpres, chaque Dimanche, en quelques-unes de nos principales Eglises, et adoptant pour règle l'usage constant du chant Grégorien ? Une telle association, sous le patronage de St Grégoire-le-Grand, prendrait place d'emblée parmi les facteurs les plus actifs d'une rénovation chrétienne. N'est-ce là qu'un beau rêve ? Nous le croyons réalisable en plusieurs de nos grandes villes, pour peu qu'on y mette la main. Rome, à cet égard, recèle les éléments les plus précieux. Quelles transformations ressortiraient de cette grandiose initiative ! Quelle réalisation idéale du Motu Proprio en découlerait naturellement !

VI. — Conclusion

Telles sont les réflexions que nous a suggérées la lecture attentive du Motu Proprio. Nous y reconnaissons vraiment le **Code juridique de la Musique Sacrée** ; rien n'y est oublié, tout s'enchaîne avec une sagesse et une logique merveilleuses. De cet ensemble, d'une clarté parfaite, ressort la nécessité pressante d'une action immédiate. Il ne s'agit pas ici d'une question mesquine de discussions musicales, de rivalités d'éditeurs : il faut viser plus haut et entrevoir une rénovation puissante du culte catholique. Et, si l'on songe que le culte catholique est l'expression vivante de la foi et de la discipline de l'Eglise, on voit quelles vues élevées ont dicté l'acte pontifical.

Il est juste de rendre grâces à Dieu qui a envoyé ce secours opportun à son Eglise en des temps si troublés que les nôtres. Mais aussi n'oublions pas qu'un devoir impérieux s'impose aux fidèles et particulièrement au clergé : c'est de s'employer, chacun dans sa sphère d'action, à la réalisation des vœux et des ordres du Vicaire de Jésus-Christ. A l'acte de Pie X nous devons répondre par la formation spontanée d'une grande école liturgique qui groupe toutes les énergies, tous les dévouements pour mettre en acte les prescriptions de la sainte Eglise. L'exemple est toujours la prédication la plus efficace. Nous nous mettrons donc à l'œuvre avec une abnégation sans réserve et combattrons, dans la pratique, les préjugés sans nombre enfantés par l'ignorance et la routine. Seule une réaction énergique nous sortira de l'ornière où nous végétons et de la confusion qui nous affaiblit.

Croirait-on qu'à l'heure présente il en est qui prétendent qu'il n'y a rien de mieux à faire que de mutiler le reste des pratiques liturgiques chères à nos pères, de les réduire s'il se peut, à leur minimum d'expression, et cela, sous prétexte d'opportunité, d'économie, de condescendance à l'esprit moderne et à la foi défaillante des peuples, etc. etc... Comme s'il n'était pas manifeste que le but de l'impiété est de faire régner le silence dans nos églises et de supprimer le culte divin sur la terre ! « *Quiescere faciamus omnes dies festos « Dei a terra* » 1. Comme si l'abdication qu'on nous propose

---

1 Faisons cesser et abolissons de dessus la terre tous les jours de fête consacrés à Dieu. — Ps. 73. — 8.

ne préluderait pas honteusement à ce désastre ! Bien au contraire, l'heure est venue de remettre en honneur, plus que jamais, les pratiques de la vie liturgique. C'est là notre force, notre rempart.

Il s'en faut que les peuples soient si rebelles qu'on veut bien le dire à cette action de la Liturgie. L'expérience nous montre, au contraire, que cette forme d'apostolat qui a autrefois groupé les peuples barbares sous la discipline de l'Église conserve encore et conservera toujours son efficacité. N'est-il pas visible que, trop souvent, ce n'est pas le peuple qui a manqué à l'appel, mais que l'apostolat liturgique dans toute sa vérité a manqué au peuple.

Par suite de l'affaiblissement de l'esprit liturgique et, sous l'empire de préoccupations tout humaines que n'avaient pas connues les siècles de foi dans les crises les plus violentes, le grand devoir social de la prière publique a été de plus en plus méconnu depuis un siècle. On a pensé que les industries d'un zèle plus moderne pourraient suffire. Dieu veuille que cette faute ne pèse pas trop lourdement sur la génération présente. C'est avec terreur que nous voyons l'ordre social s'affranchir, de son côté, non seulement de la prière mais de l'Église elle-même qu'il ne veut plus connaître. On a peut-être eu trop de confiance dans les formes nouvelles de dévotion : on les a multipliées, surtout en France, autant peut-être que dans tous les autres siècles réunis. N'a-t-on point confondu souvent l'empressement qu'elles inspiraient avec la ferveur du zèle et la piété solide ? Il faudra en revenir de ces pieuses illusions ; les leçons amères du présent nous feront remettre en honneur des pratiques trop oubliées mais, en même temps, moins superficielles et plus substantielles. Rien n'est impossible, en cet ordre d'idées, au zèle qu'anime la foi et qui s'inspire des traditions de l'Église.

La destinée de la sainte Liturgie et du chant sacré qu'elle s'incorpore n'est point subordonnée aux vicissitudes temporelles de l'Église et aux faveurs que lui a prodiguées autrefois la reconnaissance des peuples. La *Louange divine* s'est fait entendre dans les sombres retraites des catacombes et les solitudes des déserts avant d'éclater, brillante et enthousiaste, sous les voûtes de nos basiliques. L'impiété peut, en sa rage, briser un instant sa harpe, dévaliser ses temples, la dépouiller de ses richesses : ce qu'elle ne lui ravira jamais ce sont les cœurs d'où elle jaillit avec amour, les chants sacrés qu'elle met sur les lèvres des enfants de Dieu.

C'est ce trésor que Pie X veut nous rendre dans sa fraîcheur native, dans son intégrité. Il dépend de nous que cette force vivifiante rayonne plus que jamais dans la sainte Eglise, qu'elle nous soutienne dans l'épreuve et nous rende dignes de chanter un jour, s'il plaît à Dieu, le *Te Deum* Grégorien de la délivrance.

ROBERT DU BOTNEAU

Prélat de la Maison de Sa Sainteté

Curé-Archiprêtre de Notre-Dame des Sables-d'Olonne.

TABLE DES MATIÈRES

LES SABLES D'OLONNE. — IMPRIMERIE DE L'*ÉTOILE DE LA VENDÉE*

www.ingramcontent.com/pod-product-compliance
Lightning Source LLC
LaVergne TN
LVHW051337200726
843510LV00002B/675